© Copyright 2021-2025 - Alle Rechte vorbehalten.

Sie dürfen den Inhalt dieses Buches nicht ohne direkte schriftliche Genehmigung des Autors reproduzieren, vervielfältigen oder versenden. Sie können hiermit unter keinen Umständen den Herausgeber für irgendwelche Wiedergutmachungen, Entschädigungen oder Geldverluste verantwortlich machen, die auf die hier enthaltenen Informationen zurückzuführen sind, weder direkt noch indirekt.

Rechtlicher Hinweis: Dieses Buch ist urheberrechtlich geschützt. Sie können das Buch für persönliche Zwecke verwenden. Sie sollten das in diesem Buch enthaltene Material weder ganz noch teilweise verkaufen, verwenden, verändern, verteilen, zitieren, auszugsweise übernehmen oder paraphrasieren, ohne vorher die Erlaubnis des Autors einzuholen.

Hinweis zum Haftungsausschluss: Bitte beachten Sie, dass die Informationen in diesem Dokument nur zur gelegentlichen Lektüre und zu Unterhaltungszwecken gedacht sind. Wir haben alle Anstrengungen unternommen, um genaue, aktuelle und zuverlässige Informationen zu liefern. Wir geben keine Garantien irgendwelcher Art ab oder schließen sie ein. Die lesenden Personen nehmen zur Kenntnis, dass der Autor nicht damit beschäftigt ist, rechtliche, finanzielle, medizinische oder andere Ratschläge zu geben. Der Inhalt dieses Buches wurde von uns an verschiedenen Stellen zusammengestellt.

Bitte konsultieren Sie einen lizenzierten Fachmann, bevor Sie die in diesem Buch gezeigten Techniken ausprobieren. Indem er dieses Dokument durchgeht, kommt der Buchliebhaber zu einer Vereinbarung, dass der Autor unter keinen Umständen für irgendeinen Verfall, direkt oder indirekt, verantwortlich ist, den er aufgrund der Verwendung des in diesem Dokument enthaltenen Materials erleiden kann, einschließlich, aber nicht beschränkt auf, - Fehler, Auslassungen oder Ungenauigkeiten.

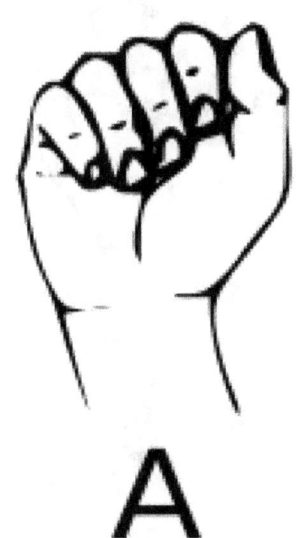

A

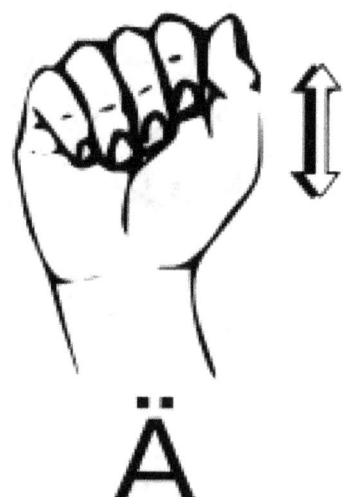

Ä

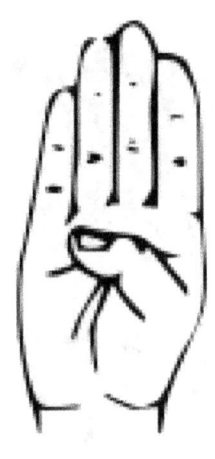

B

C

D

E

F

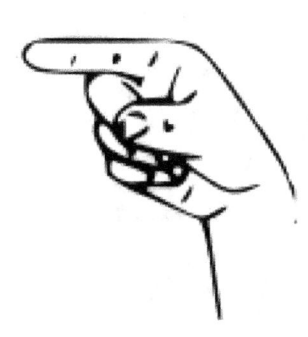

G

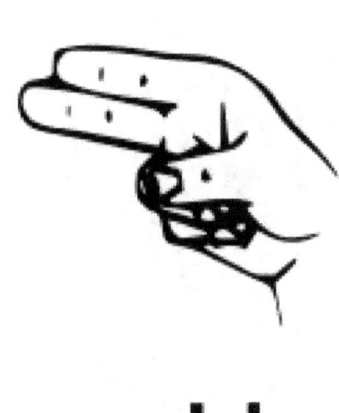

H

J

K

L

M

N

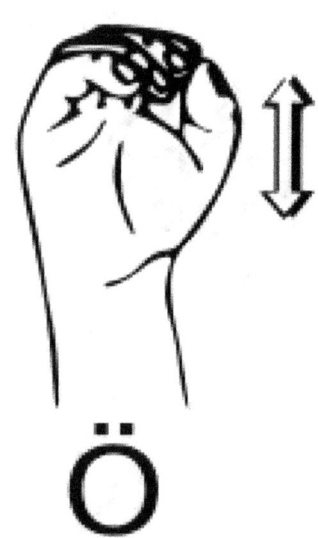

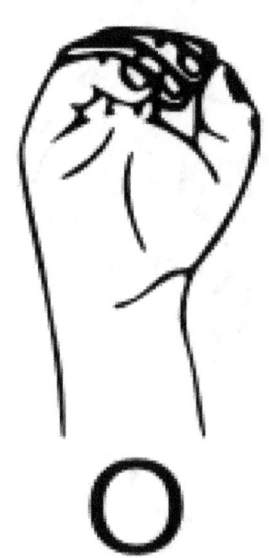

O

P

Q

R

SCH

S

ß

T

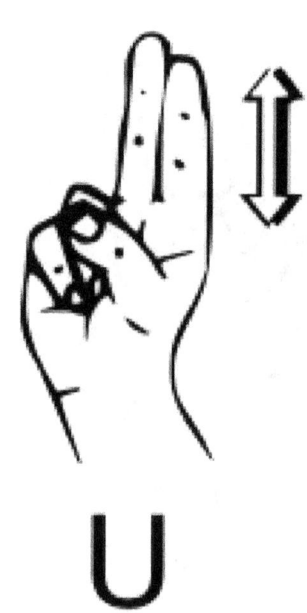

U

V

W

X

Y

Z

BITTE HINTERLASSEN SIE EINE BEWERTUNG.

www.ingramcontent.com/pod-product-compliance
Lightning Source LLC
LaVergne TN
LVHW021050100526
838202LV00082B/5419